KLEURBOEKF OERWOUD DIEREN

VOOR KINDEREN 4-8 JAAR

....

....

....

JR
JULIA ROY ©

JR
JULIA ROY ©

JR
JULIA ROY ©

JR
JULIA ROY ©

JR
JULIA ROY ©

JR
JULIA ROY ©

JR
JULIA ROY ©

JR
JULIA ROY ©

JR
JULIA ROY ©

JR
JULIA ROY ©

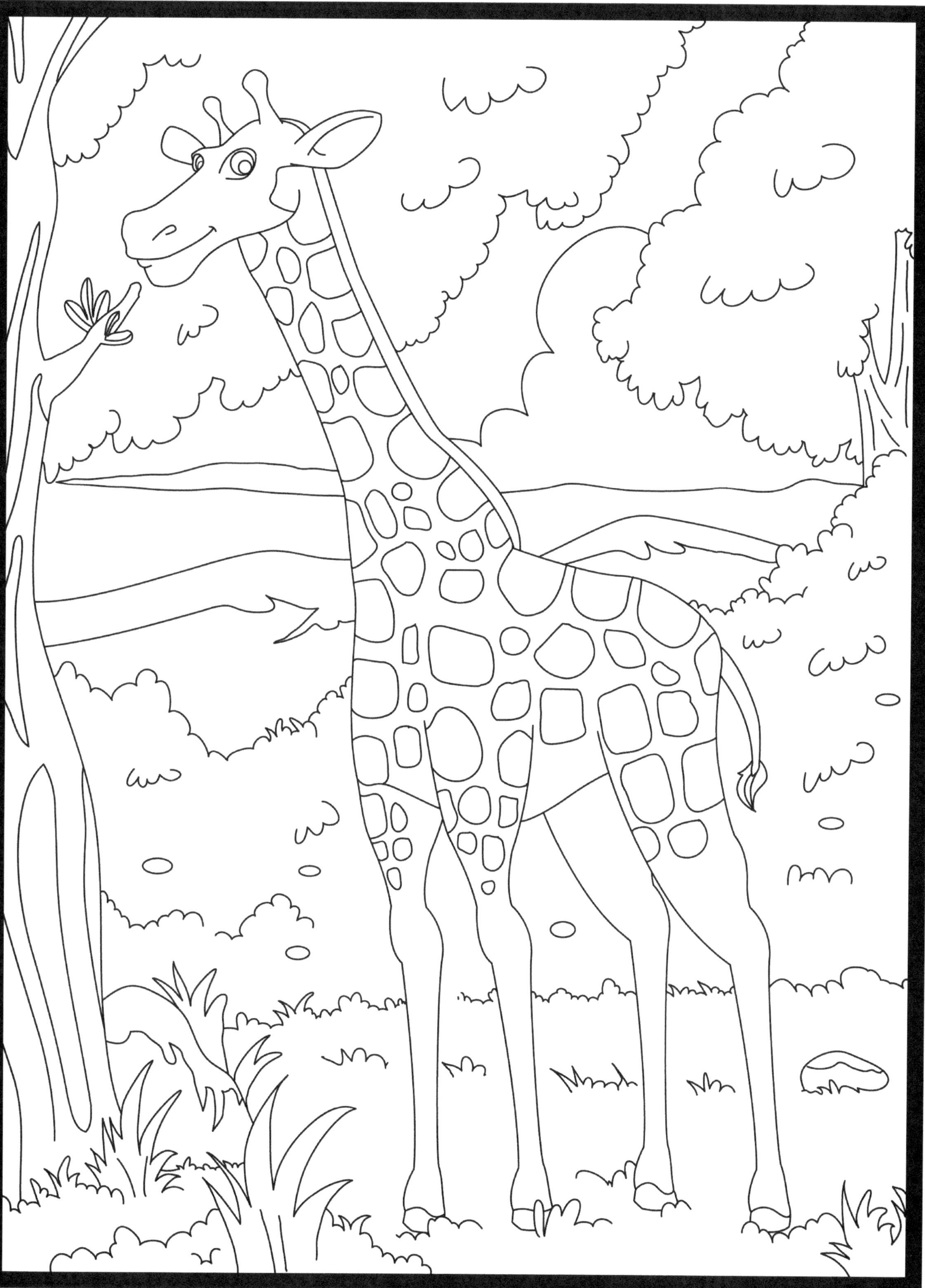

JR
JULIA ROY ©

JR

JR
JULIA ROY ©

JR
JULIA ROY ©

JR
JULIA ROY ©

JR
JULIA ROY ©

JR
JULIA ROY ©

JR
JULIA ROY ©

JR
JULIA ROY ©

JR
JULIA ROY ©

JR
JULIA ROY ©

JR
JULIA ROY ©

JR
JULIA ROY ©

JR
JULIA ROY ©

JR
JULIA ROY ©

JR
JULIA ROY ©

JR
JULIA ROY ©

JR
JULIA ROY ©

JR

JR
JULIA ROY ©

JR
JULIA ROY ©

JR
JULIA ROY ©

JR
JULIA ROY ©

JR
JULIA ROY ©

JR
JULIA ROY ©

JR
JULIA ROY ©

JR
JULIA ROY ©

JR
JULIA ROY ©

JR
JULIA ROY ©

JR
JULIA ROY ©

www.ingramcontent.com/pod-product-compliance
Lightning Source LLC
LaVergne TN
LVHW082249150826
845677LV00009B/1577
* 9 7 9 8 4 2 1 2 0 7 2 6 9 *